Université de France.

ACADÉMIE DE STRASBOURG.

ACTE PUBLIC

POUR LA LICENCE,

PRÉSENTÉ

A LA FACULTÉ DE DROIT DE STRASBOURG,

ET SOUTENU PUBLIQUEMENT

LE VENDREDI 22 AOUT 1845, A MIDI,

PAR

CHARLES-ALEXANDRE-CLAUDE GÉRARD,

DE LONGWY (MOSELLE).

STRASBOURG,

IMPRIMERIE DE L. F. LE ROUX, RUE DES HALLEBARDES, 39.

1845.

1846

FACULTÉ DE DROIT DE STRASBOURG.

PROFESSEURS.

MM. RAUTER, doyen . . . . . Procédure civile et Législation criminelle.
BLOECHEL . . . . Droit civil français.
HEPP . . . . Droit des gens.
HEIMBURGER . . . . Droit romain.
THIERIET . . . . Droit commercial.
AUBRY . . . . Droit civil français.
SCHÜTZENBERGER . . . . . Droit administratif.
RAU . . . . Droit civil français.

PROFESSEURS SUPPLÉANTS.

MM. ESCHBACH, professeur suppléant.
LAFON, professeur suppléant provisoire.

M. POTHIER, secrétaire, agent comptable.

EXAMINATEURS DE LA THÈSE.

MM. RAU, président de l'acte, ⎫
BLOECHEL, ⎬ professeurs.
RAUTER, ⎭
ESCHBACH, professeur suppléant.

DROIT CIVIL FRANÇAIS.

DES INSTITUTIONS D'HÉRITIER.

INTRODUCTION.

§ 1.

IL faut laisser aux sciences spéculatives l'examen et la discussion des théories relatives à la propriété. L'origine du droit de propriété universellement reconnu, les modifications que les institutions sociales ont apportées à la faculté d'en jouir, la liberté d'en disposer pour le temps où l'on n'existera plus, la transmission légale ou volontaire des biens, toutes ces questions, envisagées d'un point de vue autre que celui du droit positif, sont du domaine de la philosophie, de la législation et des sciences qui s'occupent de l'organisation et des fins des sociétés.

Les anciens ne s'étaient guère préoccupés de rechercher sur quel fondement reposait le droit de propriété. Il faut presque les louer de cette heureuse indifférence, et plaindre les penseurs modernes qui, tentant d'approfondir les origines de la propriété, ont abouti, les uns à la thèse chagrine de Rousseau, et les autres à l'idée d'une espèce de propriété dont le domaine direct appartient à la société et le domaine utile aux individus : distinction purement idéale, et qui est sans influence sur la jouissance réelle de la propriété. L'amer et brillant paradoxe de Rousseau ne fait plus de mal, et la distinction subtile qui fait

le fond de l'autre théorie, n'en fera jamais. Quant à la rêverie anti-
sociale de Babeuf, nous ne l'honorerons point du nom de pensée ; et ,
s'il existe aujourd'hui des écoles économiques où s'agite le problème
d'une future réorganisation sociale, l'avenir seul pourra porter une
juste sentence sur leurs œuvres.

Peut-on chercher les règles de la propriété dans le droit naturel ?
Portalis ne le pensait pas [1]. Montesquieu ne croyait pas non plus que
le droit de propriété dérivât du droit naturel. « Le partage des biens,
« dit-il [2], les lois sur ce partage, les successions après la mort de ceux
« qui les ont eus en partage, tout cela ne peut avoir été réglé que par
« la société.» La propriété lui paraît être une institution purement
civile. Il révèle à cet égard toute sa pensée, lorsqu'il dit : «Les légis-
«lateurs statuent plus sur la société que sur le citoyen, et plus sur
« le citoyen que sur l'homme [3].»

L'attribut le plus considérable du droit de propriété c'est, sans con-
tredit, la faculté de disposer de ses biens par testament. Montesquieu ,
rappelant une formule de Marculfe qui traite d'impie la coutume qui
prive les filles de la succession de leur père, et la réprobation dont
Justinien frappe le droit barbare de succéder des mâles au préjudice des
filles, dit : «Ces idées sont venues de ce que l'on a regardé le droit que
« les enfants ont de succéder à leurs pères comme une conséquence de
« la loi naturelle, ce qui n'est pas. La loi naturelle ordonne aux pères
« de nourrir leurs enfants, mais elle n'oblige pas de les faire héritiers [4].»
Dans la discussion au conseil d'État, Tronchet admettait la propriété
comme fondée sur le droit naturel, mais il contestait que la faculté de
faire des dispositions testamentaires fût une suite du droit de propriété.
« Ce droit, dit-il, ne s'étend pas au delà de la vie. La faculté de tester
«n'est qu'un bénéfice de la loi civile, qui, à cet égard, ajoute à la loi
«naturelle.» Burlamaqui [5] et Hutcheson [6] prétendent que le droit de

[1] Locré, t. XI, p. 83. — [2] *Esprit des lois*, l. XXVI, ch. 6. — [3] L. XXVII, cha-
pitre unique. — [4] *Esprit des lois*, l. XXVI, ch. 6. — [5] *Droit naturel*, p. 178. —
[6] *Système de philosophie morale*, t. 1, p. 585.

tester est de droit naturel, parce que, suivant eux, l'intérêt de la société exige que ce droit soit établi ; Vatel[1] dit aussi que tout homme peut naturellement choisir celui à qui il veut laisser ses biens après sa mort. Selon d'Aguesseau[2], la faculté de tester vient du droit des gens, c'est-à-dire du droit reçu chez toutes les nations. « C'est, dit-il, « une invention du droit des gens autorisée par le Droit civil. » Il nous semble qu'ici l'expression *droit des gens* est moins prise dans son sens juridique que comme peignant l'universalité des usages humains. Grenier[3], recherchant la source d'où dérive le pouvoir testamentaire, conteste qu'il découle du droit des gens. « Le droit des gens, dit-il, « est celui qui lie tous les hommes en général, abstraction faite des « sociétés politiques auxquelles ils appartiennent. Les actes qui éma- «nent de ce droit sont ceux qui établissent des relations entre eux, «tels que la vente, le dépôt, la société, le prêt, le mandat. Ils sup- «posent le droit de disposer de sa propriété, ainsi que la donation. «Mais il n'en est pas de même du testament. L'homme a pu n'être «investi du droit de propriété que pour sa vie. La propriété a pu «paraître pouvoir cesser à la mort. En ce moment, la société pouvait «reprendre des biens qui en avaient été retirés, ou les faire passer «aux parents du dernier propriétaire à titre de succession, ou per- «mettre à ce dernier d'en disposer par testament. Tout mode de trans- «mission des biens après la mort du possesseur a donc dû être réglé «par chaque société ; il a donc dû émaner de la loi civile. »

Portalis nous semble avoir envisagé la question du droit de propriété et celle du pouvoir testamentaire de la manière la plus étendue et la plus philosophique. Il justifie la propriété, telle que nous la connaissons, par la destination sociale de l'homme. « L'état sauvage, dit- «il[4], ou de nature n'admet pas de propriété ; il n'y a là que des biens «mobiliers, que des fruits dont le plus fort s'empare ; si la propriété

[1] *Droit des gens*, l. I, ch. 20. — [2] T. III, p. 386. — [3] *Donations et testaments*, l. I, p. 2. — [4] Locré, t. XI, p. 83.

« est dans la nature, c'est en ce sens que la nature humaine étant
« susceptible de perfectibilité, elle tend vers l'ordre social, qui seul
« fonde la propriété. L'effet de cet ordre est d'établir entre les associés
« une garantie qui oblige chacun d'eux à respecter les biens acquis par
« un autre et la disposition qu'il en fait. C'est ainsi que le droit de
« disposer naît du droit de propriété.... La loi civile est l'arbitre
« suprême ; il lui appartient de tout régler ; il n'est pas question d'exa-
« miner ce qui est le plus conforme au droit naturel, mais ce qui est
« le plus utile à la société. »

Voilà une grande pensée. C'est sagement subordonner l'autorité des
institutions sociales aux progrès de l'esprit humain, et mesurer leur
longévité sur leur utilité.

A l'époque où le Code civil fut discuté, les jurisconsultes étaient
divisés en deux partis nettement tranchés. L'un voulait une indé-
pendance absolue dans la liberté de disposer ; l'autre, qui disait que
la transmission des biens appartient à la loi civile, ne voulait d'autres héritiers que les héritiers de la loi. Notre Code a sagement con-
cilié les deux systèmes.

Au reste, que la faculté de tester soit un bienfait de la loi ou que
ce soit l'exercice du droit de propriété, rien n'est plus indifférent. Ce
sont les expressions du conseiller d'État Bigot-Préameneu [1].

L'intérêt social, gouverné par les lois civiles, et la passion si naturelle à l'homme de s'assurer une espèce de souveraineté sur ce qu'il
possède, tels sont, nous le croyons, les fondements du pouvoir testamentaire. Cet intérêt remonte à l'origine même des sociétés, et cette
passion se manifeste dès que l'homme apparaît, pour ainsi dire, sur
la scène du monde.

Eusèbe rapporte que Dieu commanda à Noé de faire son testament. Le patriarche distribua la terre à ses fils, et après leur avoir
déclaré ce partage, il dressa un écrit qu'il scella et remit à Sem, lors-

---

[1] Locré, t. XI, p. 555.

qu'il se sentit proche de sa fin. Abraham se proposait d'instituer pour son héritier universel le fils d'Éléazar, son intendant, mais la naissance d'Isaac le détourna de cette pensée, et il laissa tous ses biens à celui-ci [1], en le chargeant seulement de legs particuliers au profit des enfants de ses concubines. Isaac donna ses possessions les plus fertiles à Jacob, lequel régla aussi sa succession entre ses enfants.

Les testaments furent en usage chez les Égyptiens. On les connut aussi dans la Grèce; Solon [1] accorda la faculté de tester à ceux qui avaient des enfants mâles; les pères qui n'avaient que des filles pouvaient se choisir des héritiers en imposant à ceux-ci la condition d'épouser ces filles. Tite-Live rapporte que Procax légua le royaume d'Albe à son neveu. Ce passage de l'historien latin peut faire supposer que les Romains ne croyaient point tenir des Grecs l'usage des testaments. Les Gaulois disposaient par testament déjà avant la conquête des Romains. On pourrait citer encore d'autres peuples.

Selon Tacite [3], les testaments étaient inconnus chez les Germains; ils l'étaient, en général, chez les nations d'origine germanique. Si les lois des Ripuaires [4] et des Anglo-Saxons [5] parlent de testaments, l'histoire en fournit l'explication. Mais la loi salique est muette sur ce point, et les premiers testaments franciques que l'on rencontre sont des sixième et septième siècles. Les lois des Bourguignons et des Wisigoths autorisent les dispositions testamentaires; elles sont animées de l'esprit des lois romaines. Les Capitulaires des rois francs donnent quelques règles sur la forme des testaments; c'est le signe de l'influence du clergé, le plus actif propagateur du Droit romain.

Aucun peuple n'éleva plus haut, que ne le firent les Romains, le pouvoir de tester. Il faisait, chez eux, partie du droit public; c'était une branche de la puissance législative : *Pater familiâs uti legassit, itâ jus esto*. Un testament était une loi : *dicat testator et erit lex.*

---

[1] Genèse, ch. XXV, v. 5 et 6. — [2] Petit, *Leg. att.*, l. VI, ch. 6. — [3] *De morib. German.* — [4] *Lex ripuar.*, tit. LIX, ch. 1; tit. LXVII. — [5] *Lex angl.*, tit. XIII.

Faire un testament, à Rome, c'était faire un acte de magistrature suprême, car le Romain était plus jaloux de la magistrature qu'il exerçait au sein du foyer domestique que de celle qu'il exerçait dans l'État.

§ 2.

Un éminent jurisconsulte a dit que le pouvoir de tester dans l'intérêt du propriétaire lui fut donné comme une arme pour se faire obéir, quand tous les autres moyens lui échappent, et qu'il a fallu laisser aux vieillards et aux infirmes le pouvoir de récompenser ceux qui se dévouaient à leur service, et de punir les parents ingrats qui les abandonnaient. Tel est le motif, pense Toullier[1], qui fit admettre le droit de tester dans nos Coutumes, où l'institution d'héritier n'était point admise.

Nous oserons élever un doute respectueux sur la vraisemblance de ce motif, et hasarder une réflexion contre l'autorité de Toullier. Il nous semble que l'influence du Droit romain, qui était la loi de l'Église, le voisinage des pays où la législation romaine gouvernait les relations sociales et privées, la considération légitime qu'avait aux yeux des hommes le pouvoir testamentaire, le désir d'exercer la flatteuse faculté de disposer d'une partie de ses biens, et l'on peut ajouter, la conformité si étroite qui existe entre le droit de tester et le caractère de la propriété partagée, individualisée, et l'imitation d'un usage à peu près universel; il nous semble que tout cela explique d'un point de vue plus général, et selon les lois de l'histoire, la présence d'un système de dispositions testamentaires dans nos Coutumes.

Quoi qu'il en soit, voici quels étaient dans l'ancienne France les deux régimes légaux qui gouvernaient les testaments.

Dans les pays de droit écrit, où dominaient les principes du Droit

[1] T. V, p. 519.

romain, la volonté de l'homme pouvait faire des héritiers. L'institution d'héritier était la principale disposition qu'un testament dût renfermer; elle en était la base juridique, la formalité essentielle, le
principe vital; le défaut d'institution faisait qu'il n'y avait pas même
de testament; il ne restait plus qu'un simple codicille; une institution vicieuse entraînait la nullité du testament. Ainsi, dans ces pays,
les héritiers avaient leur titre dans le testament; ils appréhendaient
directement la succession, lors même qu'il y avait des héritiers
légitimaires. Le testament basé sur une institution valable était ici,
comme dans l'ancienne Rome, une véritable loi.

Dans les pays coutumiers règne un principe tout aussi exclusif,
mais bien différent. L'homme y est privé du pouvoir de se choisir un
héritier. Dieu seul fait les héritiers, disent les vieilles maximes. La
volonté humaine, dans ce qu'elle a de plus considérable sous le rapport
juridique, y est frappée d'une impuissance solennelle, d'une stérilité
absolue. La vocation des héritiers y est faite par la loi, et rien ne peut
fléchir la rigueur du principe hautain inscrit dans la loi. Une loi
inflexible aura nécessairement des maximes énergiques. *Institution
d'héritier ne vaut; la mort saisit le vif*, diront les Coutumes. Et celui
que la loi aura ainsi investi, à son insu, malgré lui, de l'hérédité,
nul ne pourra l'en dévêtir; l'héritier lui-même pourra seul se dépouiller de son titre et secouer les effets énergiques de la saisine par
la renonciation ou la répudiation.

Ainsi, tandis que dans les provinces de droit écrit l'institution
d'héritier est de l'essence du testament, elle est proscrite dans les
pays de Coutume. Là, la volonté de l'homme fait des héritiers; ici la
loi seule appelle à la succession d'un défunt.

De ce système découlaient deux conséquences importantes. L'institution d'héritier étant prohibée et inefficace comme telle, dégénérait
en legs universel, et les légataires ne jouissaient pas des avantages de
la saisine. Les héritiers du sang y avaient seuls et toujours la saisine;
ils étaient seuls représentants de la personne du défunt, et les léga-

2

taires universels[1] étaient tenus, lors même qu'ils recueillaient tous les biens, d'en demander la délivrance. Cela devait être sous l'empire des Coutumes ; les testaments ne pouvant pas renfermer d'institution d'héritier, ils n'étaient considérés que comme des codicilles susceptibles seulement de legs que ces héritiers devaient acquitter. De là la maxime des Coutumes : Institution d'héritier testamentaire n'a point de lien, et est réputé icelui institué légataire[2]. Dans le Droit coutumier, on regardait la saisine de l'héritier comme la sauve-garde des familles, comme un honneur dont il eût été injuste de dépouiller les parents d'un défunt. On se fondait aussi, pour soutenir la rigueur des principes de la saisine, sur cette considération que le titre du parent appelé par la loi est toujours certain, tandis que celui de l'héritier institué peut être invalidé et déclaré nul.

Quelques Coutumes avaient même tellement réprouvé l'idée d'une institution d'héritier par l'homme, qu'elles refusaient à l'institution jusqu'au bénéfice de la dégénération qui maintenait cette institution comme legs universel. La disposition y était absolument sans effet. C'étaient les Coutumes de Vitry, de Meaux et de Chaumont.

Cependant quelques Coutumes aussi, s'écartant en cela d'une manière frappante de l'esprit dominant de la législation coutumière, avaient conservé l'usage et l'effet des institutions testamentaires. Coutume de Bordeaux : *Le mort saisit le vif en quelque manière qu'il succède, par testament ou sans testament.* Coutume de Berry : *Le mort saisit le vif son plus prochain héritier habile à lui succéder ab intestat et aussi son héritier testamentaire.* Coutume du duché de Bourgogne : *Si le testateur dispose de deux parts de son bien.... en sont saisis ceux qu'il aura institués héritiers.* Coutume du comté de Bourgogne : *Le mort saisit le vif son héritier testamentaire institué.* Les principes du Droit romain avaient-ils influé d'une manière plus particulière et plus puissante sur ces provinces ?

[1] Locré, t. XI, p. 402. — [2] Grenier, t. I, p. 524.

Outre ces exceptions purement locales, il y avait une dérogation générale au principe de la prohibition des institutions d'héritier. Elles étaient permises en considération du mariage et inscrites dans l'acte contenant les conventions matrimoniales. Mais de même que nous rencontrons dans les pays coutumiers, où l'institution d'héritier est en général sans effet, des provinces où elle est admise, de même nous trouvons aussi quelques exceptions au principe de la liberté des institutions contractuelles[1].

L'ordonnance de 1735, ouvrage de d'Aguesseau, laissa subsister la diversité des effets attachés aux testaments, selon qu'ils étaient rédigés dans les pays de droit écrit ou dans les provinces coutumières.

CHAPITRE I.

DES INSTITUTIONS D'HÉRITIER EN GÉNÉRAL.

Le Droit civil français distingue les héritiers en héritiers légaux ou naturels, et en héritiers institués ou légataires.

Nous n'avons à nous occuper que de ces derniers.

Le Droit romain avait exagéré le respect qui est dû à la volonté de l'homme, quant à la disposition de ses biens. La législation coutumière, au contraire, avait presque entièrement dépossédé l'homme de la faculté de transmettre la propriété. Chez les Romains, la faveur qui est due aux héritiers du sang avait été méconnue par la loi. Dans les Coutumes, l'ordre inflexible des réserves n'était point en harmonie avec celui des affections naturelles. La législation nouvelle s'est appliquée à concilier la liberté de l'homme et les besoins de l'ordre social, si vivement intéressé à la sécurité de la famille. Elle a commencé par poser des principes sur la disponibilité des biens (art. 913

---

[1] Bigot-Préameneu dit qu'il y en avait plusieurs. (Locré, t. XI. p. 398.)

et suivants), et a conservé aux héritiers du sang la saisine légale (art. 724). Ces héritiers se divisent en deux classes : ceux à qui la loi assure une réserve (art. 913, 914, 915), et ceux qui sont simplement appelés par la loi à recueillir une hérédité au sujet de laquelle il n'a pas été fait de déclarations de dernière volonté (art. 750 à 755).

Les réserves légitimes sont inviolables, et à la qualité d'héritier réservataire sont toujours attachées les prérogatives juridiques de la saisine (art. 724, 1004).

S'il n'existe point d'héritiers à réserve, les libéralités par actes testamentaires pourront épuiser la totalité des biens (art. 916). Dans ce cas, les héritiers du sang jouissent encore de la saisine, excepté à l'égard des légataires universels à qui la loi accorde la saisine de préférence aux héritiers du sang (art. 1006).

Pour assurer l'exercice de la faculté de disposer, le Code civil, frappé d'un côté des inconvénients de la législation compliquée des Romains, et de l'autre réprouvant dans ce qu'il avait de trop absolu le système des Coutumes, le Code civil a sagement écarté toute difficulté sur le titre donné à l'institution. Le testament sera valable sous quelque titre qu'il ait été fait, soit sous celui d'institution d'héritier, soit sous celui de legs universel, à titre universel ou à titre particulier, soit sous toute autre dénomination propre à la manifestation de la volonté (art. 967, 1002).

Le Tribunat avait fait observer qu'il était très-important de consacrer aux divers modes de disposition testamentaire des dénominations spéciales. C'eût été retomber dans toutes les difficultés du formalisme romain. Ainsi, en opinant pour le maintien de la dénomination *d'institution d'héritier*, il désirait que l'on annonçât hautement qu'il n'y aurait désormais aucune différence entre le mot *d'héritier* et celui de *légataire*, et que tous les effets particulièrement attachés par les lois romaines au titre *d'héritier* seraient entièrement détruits. La pensée qui dominait les rédacteurs du Code était plus sage et plus grande ; ils jugèrent que la généralité des termes dans lesquels étaient conçus les articles 967 et 1002 excluait tout retour aux anciennes distinctions. L'idée émise par le Tribunat porta de mauvais fruits ; elle produisit la vicieuse jurisprudence qui signala les premiers temps du Code, et qui consistait à regarder le légataire universel, malgré la saisine, comme n'étant pas un véritable héritier et comme tel ne pouvant être tenu *ultrà vires*.

Selon le Code, l'effet des dispositions testamentaires ne se règle point sur des dénominations qui n'en peuvent changer la nature[1]. Ce qu'il demande, c'est la manifestation d'une volonté certaine, exprimée dans la forme déterminée par la loi. Il n'impose point l'emploi de termes sacramentels ; il suffit que le testateur ait manifesté son intention de disposer à titre successif, c'est-à-dire pour le temps où il n'existera plus. L'essentiel dans un testament sera l'indication claire et précise d'une volonté ; cette volonte, il faudra quelquefois la chercher dans une saine interprétation des termes. Dans le silence que le Code a gardé sur l'interprétation des actes de dernière volonté, il faut recourir aux règles établies pour l'interprétation des conventions (art. 1156 à 1161 et 1353). On s'attachera donc moins à la propriété purement grammaticale des mots qu'à la signification qu'a voulu leur donner le testateur. Les lois romaines étaient déjà pénétrées de ce principe : *Non enim in causâ testamentorum ad definitionem utique descendendum est, cùm plerùmque abusivè loquantur, nec propriis nominibus ac vocalis semper utantur*[2]... *In conditionibus testamentorum voluntatem potiùs quàm verba considerare opportet*[3]... Dès que l'acte est valable et la volonté évidente, le testament doit avoir sa pleine et entière exécution. C'est au juge de rechercher dans le testament même quelle a été la véritable intention du testateur ; à cet égard son pouvoir d'interprétation est souverain, parce qu'il ne s'agit plus que d'expliquer une pensée ; ce n'est plus la loi qu'il faut appliquer, mais

---

[1] Toullier, t. V, p. 473. — [2] ff 69, *De legat. et fid.*, 3. — [3] ff 101, *De condit. et demonst.*

la volonté même du testateur qu'il est nécessaire d'apprécier en recherchant ce qu'il a voulu dire.

La loi française est si libérale dans l'interprétation des dernières
volontés, qu'il n'est pas même nécessaire de se servir de termes qui
expriment le désir de faire une libéralité. Ainsi un écrit dans lequel
un testateur déclare qu'il n'a la propriété de rien dans la maison qu'il
habite, qu'en conséquence le propriétaire de cette maison pourra,
après la mort du testateur, faire ce que bon lui semblera de tous les
objets mobiliers qui s'y trouveront, peut être considéré comme un testament[1]. Un legs n'est pas nul par cela seul que le légataire est désigné
en termes qui peuvent s'appliquer à plusieurs personnes ; il ne le
serait pas même, si le testateur avait laissé le nom en blanc, parce
qu'il était difficile à orthographier, et si les termes du testament ne
laissent aucun doute sur l'individualité de la personne instituée[2].
L'erreur sur la qualité du légataire ne vicie point le legs[3]. Mais si
l'omission contenue au testament porte sur la qualité même du legs,
rien ne peut suppléer à l'indication qui manque, et la clause doit être
réputée non écrite.

Le pouvoir testamentaire reconnu, la loi prescrit des règles pour
l'appréciation de la nature et de l'étendue des dispositions de dernière
volonté, afin de déterminer les droits qui en résultent en faveur des
légataires, ainsi que les obligations attachées à ces droits.

On nomme en général *legs* toute donation faite par testament. *Legatum est donatio quœdam, à defuncto relicta, ab hœrede prœs-
tanda*[4].

« Les dispositions testamentaires, dit l'article 1002, sont ou uni-
« verselles, ou à titre universel, ou à titre particulier. » Telles sont les
trois modalités sous lesquelles peuvent s'offrir les donations faites par

---

[1] Arrêt de la Cour de Bordeaux du 11 juin 1828. *Journal du Palais*, t. XXI, 1538.
Cour de cassation, 23 décembre 1828. *Id.*, 24 avril et 7 juillet 1854. *Journ. du Pal.*
— [2] *Journ. du Pal.* Cour de cassation, 23 décembre 1828. — [3] Cour de cassation,
11 novembre 1829. *Journ. du Pal.* — [4] *Instit.*, l. II, t. XX, § 1.

testament, et toute libéralité contenue dans un acte de dernière volonté rentre nécessairement dans un de ces trois modes, suivant qu'elle réunit les conditions que la loi prescrit pour chacun d'eux. « Ce n'est pas la qualification d'héritier donnée à quelqu'un dans un « testament, qui lui en confère les droits; mais c'est l'appréciation « elle-même de la disposition, et c'est elle seule qu'il faut consulter « pour décider si le legs est universel, à titre universel ou particulier[1]. »

En principe donc, la question de savoir quel est le sens, la portée et l'étendue d'une disposition testamentaire, est une question de fait qui est du domaine exclusif et dans l'attribution souveraine des cours royales[2].

CHAPITRE II.

DU LEGS UNIVERSEL.

Le legs universel est la disposition testamentaire, par laquelle le testateur donne à une ou plusieurs personnes l'universalité des biens (art. 1003) qu'il laissera à son décès. Il embrasse la totalité des biens dont la loi lui permet de disposer.

Nous l'avons déjà dit, les institutions d'héritier n'exigent pas l'emploi de formules sacramentelles. La plus considérable de toutes les institutions, celle qui confère l'attribution d'une hérédité entière, est à cet égard sur la même ligne que la plus modeste disposition; il suffit que des termes employés par le testateur il résulte que son intention a été d'investir la personne dénommée de la totalité des droits, raisons et actions qui se trouveraient dans sa succession.

Le legs universel fait au profit d'une seule personne ne peut donner lieu à aucune difficulté. Il en est différemment quand l'institution appelle plusieurs personnes à recueillir l'universalité des biens délaissés par un défunt. Pour assurer à une semblable institution les

[1] Poujol, t. II, p. 155. — [2] Cour de cassation, 18 novembre 1840. *Jour. du Pal.*, t. XI de 1840, p. 648.

effets légaux attachés au legs universel, il faut la faire *conjointement*, c'est-à-dire sans désignation de parts. «J'institue Pierre, Paul et «Jacques mes héritiers.» Voilà un legs universel fait conjointement. Pierre, Paul et Jacques sont vraiment tous trois légataires universels; en l'absence d'héritiers réservataires, ils sont investis de la saisine légale; si l'un des légataires renonçait à son legs, ou ne pouvait le recueillir, sa part accroîtrait à ses co-légataires, conformément à l'article 1044. Mais si le testateur avait dit : «Je nomme Pierre, Paul «et Jacques mes légataires universels, chacun pour un tiers de mes «biens,» il n'y aurait plus de legs universel[1]; la désignation des parts établit que le testateur n'a entendu donner l'universalité de ses biens à personne; les légataires ne jouissent, dans aucun cas, de la saisine, et aucun d'eux ne peut prétendre au droit d'accroissement. Si l'un des legs devenait caduc ou était répudié, il reviendrait à l'héritier naturel. Si, après avoir institué Paul son légataire universel, le testateur donnait le tiers ou une autre quotité à Pierre, Paul serait héritier universel, et en cas de caducité du legs fait à Pierre, Paul recueillerait toute la succession.

Les termes dans lesquels peuvent être faits les legs universels soulèvent souvent des questions très-délicates; le meilleur moyen de les résoudre, c'est de recourir à l'intention du testateur. Ainsi, le legs du quart de mes biens à Paul, et du *surplus* à Pierre ne renferme point de disposition universelle. Mais si après le legs d'une quotepart de l'hérédité, le testateur institue un légataire universel, cette institution sera valable, car alors apparaît la volonté du testateur de donner toute sa succession à une seule personne, et le legs d'une quote-part n'est plus qu'une charge de l'hérédité. Le legs d'une chose déterminée ne fait pas obstacle à ce que l'institution pour le *surplus*

[1] Cependant la Cour de cassation a jugé qu'un testament ainsi conçu : «J'institue pour mes légataires universels, 1° conjointement pour moitié les enfants de N....; 2° X.... pour l'autre moitié,» renfermait des institutions universelles. (Cour de cassation, 22 février 1841. *Jour. du Pal.*)

de tous les biens puisse être considérée comme un legs universel; les termes de *surplus des biens* ne désignent plus une quote-part de la succession, mais l'hérédité entière, moins un objet particulier.

Il n'est pas indifférent de considérer dans un testament l'ordre dans lequel les dispositions ont été faites. Ainsi, lorsqu'un legs universel est fait *après* les legs particuliers, et porte seulement sur le *surplus des biens*, cette universalité n'est pas absolue et ne donne pas droit à l'institué de prétendre que le testateur ait voulu que les legs particuliers caducs accrussent à son profit, par préférence aux héritiers légitimes [1]; tandis que les legs particuliers, inscrits après une disposition universelle, devenant caducs, accroissent à l'héritier institué, au préjudice de l'héritier du sang; ils ne sont en effet que des charges éventuelles de l'hérédité, et l'article 1003 comprend tous les biens délaissés par le défunt [2].

Lorsqu'un legs universel est fait conjointement *re et verbis* à un incapable et à un capable, le legs est valable à l'égard de ce dernier, et celui-ci doit seul le recueillir en entier [3]. En effet, la volonté évidente du testateur a été de disposer entièrement de son hérédité; il y a aussi une preuve manifeste de préférence; le légataire capable est le véritable, l'unique héritier, au défaut de l'incapable qu'il supplée et remplace de fait, dans le droit comme dans la volonté du testateur, afin que celui-ci ne reste pas *partìm testatus, partìm intestatus*, lorsque son intention a été de faire un héritier testamentaire.

La disposition testamentaire qui donnerait à un légataire la nue propriété de tous les biens, et à un autre l'usufruit des mêmes biens, renfermerait à la fois un legs universel et un legs à titre universel [4]. Le legs de la nue propriété est en effet un legs universel, puisque

[1] *Journ. du Pal.* Cour d'Aix, 5 juin 1809, t. VII, p. 597. Cour de Bruxelles, 29 juillet 1809, t. VII, p. 721. Duranton n'est pas de cet avis. Cour de cassation, 12 août 1811. — [2] Cour de cassation, 20 juillet 1809. *Journ. du Pal.*, t. VII, p. 701. — [3] Cour de Metz, 14 février 1811. *Journ. du Pal.*, t. IX, p. 106. — [4] Cour de cassation, 7 août 1827, *Journ. du Pal.* Duranton, t. IX, p. 201.

3

l'usufruit devant s'éteindre ne grève que temporairement le legs et révèle la pensée d'un don d'universalité.

Lorsqu'un testament contient l'institution d'une personne comme héritier, pour, par cette personne, recueillir tout ce qui constituera la succession, sous la seule exception de certains immeubles dont le testateur se réserve la disposition ultérieure, si le testateur n'a pas disposé de ces immeubles, ils font partie du legs universel et ne doivent pas être recueillis par les héritiers naturels[1]. En effet, ces biens ne sont soustraits à la disposition universelle que pour le cas où le testateur en disposerait ultérieurement. L'article 1086 présente un cas analogue; c'est aussi l'induction qu'il faut tirer de l'article 946.

Le titre d'*héritier universel*, donné à quelqu'un dans un testament, peut être considéré comme conférant les droits d'un légataire universel, quoique ce légataire ne soit appelé à recueillir qu'une libéralité, à laquelle la loi, interprétée rigoureusement, attribue seulement le caractère de legs à titre universel; ainsi la Cour de cassation a jugé qu'un légataire, institué pour tous les immeubles et qualifié par le testateur d'*héritier universel*, était un légataire universel, nonobstant la disposition du testament qui lègue à un autre l'universalité des meubles[2]. Il nous semble qu'ici l'institution tire toute sa force de la qualification expresse donnée par le testateur; la composition et la nature d'une hérédité ne pourraient jamais faire fléchir les principes de la loi. Aussi la disposition faite par testament de tout le mobilier, lorsqu'il n'y a point d'immeubles dans la succession, ne constitue pas un legs universel[3].

Le legs du disponible est un legs universel. Il emporte, en effet, une idée d'universalité, puisque le testateur donne tout ce dont la loi lui permet de disposer et que le droit des héritiers, auxquels la loi

---

[1] Cour de Liège, 9 mai 1821, t. XVI, p. 597. *Journ. du Pal.* — [2] Cour de cassation, 25 novembre 1818, t. XIV, p. 1085. *Journ. du Pal.* — [3] Cour de Bruxelles, 19 novembre 1812. *Journ. du Pal.*, t. X, p. 817.

assure une réserve, ne se détermine qu'à l'époque du décès du testateur. Cet héritier tient son droit de la loi, et ce droit est au-dessus de la volonté de l'homme. «L'héritier réservataire, dit Grenier [1], «n'exerce qu'une réduction ou un retranchement sur le legs uni-«versel.» L'emploi du terme *quotité disponible* ne changerait pas même le caractère d'universalité donné à ce legs [2].

S'il y a plusieurs institutions universelles dans le même testament, mais faites par des dispositions différentes, et que par leur teneur, sainement appréciée, les premières ne soient pas révoquées par les dernières, elles doivent recevoir leur entière exécution; la totalité des biens sera recueillie par les légataires, et le droit d'accroissement existera entre eux en cas de caducité. La pluralité des legs ne fait pas dégénérer leur caractère d'universalité.

S'il existe deux institutions universelles dans des actes différents, la première est révoquée de droit, à moins qu'elle n'ait été expressément maintenue par le dernier acte.

«Ce qui forme le véritable caractère du legs universel, dit Toullier [3], «c'est le droit originaire ou même éventuel à l'universalité des biens «du testateur.» Ni les réductions auxquelles l'assujétit le principe des réserves légitimes, ni les charges dont la volonté du testateur l'a grevé, quand même ces charges épuiseraient la totalité des biens, ne peuvent lui enlever ce caractère.

A côté du principe salutaire des réserves légitimes s'élève le principe de la saisine héréditaire. Le premier constitue une précieuse garantie pour les familles; le second est une conception juridique de la plus haute conséquence, et qui domine tout le système des successions selon la loi française. Tandis que la loi n'a accordé la faveur d'une réserve qu'aux parents en ligne directe, elle a libéralement étendu la saisine et ses priviléges à tous ceux qu'elle a reconnus comme successibles. On conçoit aisément les motifs qui ont dicté

---

[1] *Donat. et testam.*, t. I, p. 513. — [2] Duranton, t. IX, p. 193. — [3] T. V, p. 483.

d'une part le principe de la faveur restreinte des réserves, et de l'autre le principe plus large de la saisine.

La saisine est inséparable de la qualité d'héritier réservataire ; un testateur ne peut pas plus ôter la saisine (art. 900) à une certaine classe de ses héritiers, qu'il ne peut leur enlever leur réserve. Ceux, au contraire, qu'il peut priver de ses biens, il peut aussi les dépouiller de la saisine.

De là naissent deux situations pour le légataire universel, selon qu'il se trouve en concours avec des légitimaires ou que ce concours n'existe point.

1° Lorsqu'au décès du testateur, il y a des héritiers auxquels une quotité de biens est réservée par la loi, ces héritiers sont, nonobstant toute disposition universelle, saisis de plein droit, par sa mort, de tous les biens de la succession, et la délivrance du legs universel doit, en conséquence, leur être demandée. Cette délivrance est une reconnaissance du droit de propriété sur les objets légués [1]. Tant que cette délivrance n'est point obtenue, le légataire ne peut agir contre les débiteurs de l'hérédité. Il ne représente point le défunt, et les créanciers de la succession peuvent poursuivre les héritiers légitimes (art. 724, 873, 1220) pour le paiement des dettes.

En cas de renonciation des légitimaires, le légataire universel est saisi de plein droit, car l'héritier qui renonce est censé n'avoir jamais été héritier (art. 785).

La délivrance a lieu de deux manières : par autorité de justice ou par consentement volontaire des héritiers. Dans les deux cas elle produit les mêmes effets.

Cependant, lorsque le légataire se trouve de fait en possession du legs au jour de l'ouverture de la succession, il est dispensé de demander la délivrance [2].

---

[1] Cour de cassation, 4 avril 1837. *Journ. du Pal.* — [2] Cour de Limoges. 21 février 1839. Cour de Nîmes, 5 janvier 1838. *Journ. du Pal. Contrà* Cour de Riom, 1er décembre 1838.

Il faut appliquer le même principe au mari qui est investi du droit d'administrer les biens de sa femme dont il est légataire, et à la veuve, commune en biens, qui, lors du décès de son mari, se trouve en possession comme propriétaire par indivis des objets qui lui ont été légués[1].

C'est la présence des héritiers réservataires seulement qui empêche le légataire universel d'être saisi; à l'égard de toutes autres personnes, il est saisi et considéré comme le représentant du défunt.

Quant aux fruits, l'article 1005 distingue : si la demande en délivrance a été faite dans l'année qui suit le décès, l'obligation de faire cette demande ne préjudicie point à la jouissance du légataire qui a droit aux fruits à compter du jour du décès; si le légataire laisse écouler l'année, cette jouissance ne commencera que du jour de la demande formée en justice ou du jour que la délivrance aura été volontairement consentie.

2° Si, à l'ouverture de la succession, il n'existe pas d'héritier à réserve, le légataire universel est saisi de plein droit, sans être tenu de demander la délivrance (art. 1006). La loi n'a posé des bornes au pouvoir testamentaire que dans l'intérêt des parents en ligne directe ascendante et descendante; lorsqu'un testateur n'a point dans sa famille des personnes de cette classe privilégiée, il a le pouvoir de se nommer un successeur ou représentant universel, un héritier proprement dit. L'absence de légitimaires en fait un héritier dans toute la rigueur des principes. Il succède, et immédiatement; car la loi elle-même écarte l'héritier du sang. Il acquiert l'universalité des droits du défunt, et réprésente juridiquement sa personne. *Hi qui in universum jus succedunt, hæredis loco habentur*[2]. Il est assujéti aux charges de l'hérédité, même sur ses biens personnels; enfin il recueille tous les avantages de la succession et subit toutes les obligations qui pèsent sur elle; par conséquent il peut être tenu *ultrà vires*. L'invocation

[1] Cour de Bourges, 27 janvier 1838. *Journ. du Pal.* — [2] *ff* 128, *De regul. jur.*

du bénéfice d'inventaire peut seule le soustraire aux conséquences légales de sa qualité d'héritier [1].

Il y a deux cas où le légataire, gratifié d'un don universel et ne concourant pas avec des réservataires, est cependant tenu de demander la délivrance. Par exemple : un mineur, âgé de seize ans, ne peut disposer (art. 904) que de la moitié des biens dont la loi permet au majeur de disposer. S'il institue un légataire universel, ce légataire ne recueillera que la moitié des biens. Cette réserve, assurée aux héritiers du sang, leur assure-t-elle pareillement la saisine [2]? Voici la seconde hypothèse : Un testateur, qui a des parents au degré successible, fait une disposition universelle au profit de son enfant naturel ; d'après l'article 757, combiné avec l'article 908, ce legs subira une réduction du quart. Il n'y a plus, dit Duranton, qu'un legs à titre universel. Mais en partant du principe de la disponibilité des biens, ne pourrait-on pas considérer, d'un côté, la limitation des libéralités permises aux mineurs, âgés de seize ans, et, de l'autre, la réduction des droits des enfants naturels, comme établissant un genre spécial de réserves légitimes ?

La forme ou plutôt la qualité des testaments influe sur le mode d'exécution des dispositions universelles. L'article 1007 détermine les formalités à suivre dans les différents cas.

L'article 1008 oblige les légataires universels, institués par testament olographe ou mystique, de se faire envoyer en possession ; mais cette obligation n'énerve point la saisine donnée par la loi à l'héritier testamentaire. «L'envoi en possession ici, dit Toullier, n'est point «un jugement de délivrance; c'est une simple ordonnance de forme, «qui imprime au testament le caractère de publicité qui lui manque, «l'exécution parée qu'il n'avait pas [3].»

---

[1] Cour de Rennes, 25 avril 1820. *Journ. du Pal.* — [2] Un arrêt de la Cour de Poitiers a jugé que les collatéraux n'ont pas la saisine des biens dont la loi n'a pas permis au mineur de disposer, et que le légataire universel n'est pas tenu de leur demander la délivrance. (Cour de Poitiers, 22 janv. 1828. *J. du Pal.*) — [3] T. V, p. 476.

Le juge n'est point obligé d'accorder la possession provisoire à l'héritier testamentaire; il doit la lui accorder, si l'acte est revêtu de toutes les solennités extérieures qui rendent la volonté du testateur légalement certaine; il doit, au contraire, l'accorder à l'héritier légitime, si l'acte présente des vices de forme apparents.

Tant que la possession provisoire n'a point été déférée par le juge, les héritiers du sang peuvent s'y opposer; la signature et l'écriture peuvent être méconnues, le testament critiqué et argué de nullité. Dans ce cas, la preuve et la vérification de l'écriture sont à la charge du légataire, s'il s'agit d'un testament olographe; mais le testament mystique acquérant le caractère d'authenticité par l'acte de suscription fait dans les formes prescrites par la loi, et conservant ce caractère aussi longtemps que l'acte de suscription reste intact, la foi est due à ce titre jusqu'à ce qu'il ait été annulé par un jugement définitif. Le testament olographe, dont l'écriture est méconnue, n'assurera donc pas la possession provisoire au légataire institué, tandis que le testament mystique, dont la partie authentique n'aura subi aucune altération, la lui fera accorder de droit.

Il nous reste à parler des obligations du légataire universel. Nulle difficulté ne peut s'élever, s'il n'est point en concours avec des héritiers réservataires. La saisine, qui lui est déférée par la loi, l'investissant de la plénitude des droits du défunt, le charge aussi de toutes ses obligations; il n'est plus un successeur aux biens, mais un représentant de la personne. Il est héritier, dans le sens juridique et étroit du mot.

Mais dans le cas où le légataire concourt avec des héritiers à réserve (art. 1009), la loi maintient le principe général de la division des dettes (art. 870 et 873).

En réalité, l'hérédité ne se compose que des biens qui restent libres après le paiement des dettes. *Bona non intelliguntur, nisi deducto œre alieno. Nemo liberalis nisi liberatus.* Il fallait donc pourvoir à l'acquittement des dettes de la succession, qui pèsent naturellement sur chacun des ayant-droit, au prorata de l'émolument qu'il recueille.

«Les legs universels sont legs de biens, dit Pothier [1], et les biens ren-
«ferment en soi la charge des dettes.» Ainsi, si la réserve est de
moitié, le légataire universel et l'héritier légitime contribueront, chacun pour moitié, à l'extinction des dettes; les créanciers sont forcés,
pour obtenir leur paiement intégral, d'actionner collectivement ou
successivement les héritiers et les légataires. Il n'existe pas de soli-
darité entre ceux-ci [2]; chacun se libère par le paiement de sa portion
contributoire. Mais l'indivisibilité des droits des créanciers (art. 2114,
873 et 1009) ayant hypothèque sur les immeubles de la succession,
ne pouvait recevoir aucune atteinte du principe de la division des
charges de l'hérédité entre ceux qui profitent des biens de celle-ci.
Aussi la loi, en matière de partage des successions, a énergiquement
maintenu à l'action hypothécaire toute sa virtualité.

Le légataire est de plus chargé d'acquitter tous les legs, soit particuliers, soit à titre universel. Par l'effet de l'institution universelle,
le légitimaire est réduit à la réserve que lui assure la loi, et cette
réserve ne peut être entamée par des dispositions à titre gratuit. Il
faut nécessairement alors que les legs soient à la charge du légataire
universel.

Dans les pays de droit écrit, le légataire universel jouissait du bénéfice de la quarte-falcidie, c'est-à-dire qu'il avait le droit de réduire
d'un quart les legs particuliers, si leur acquittement devait absorber
tous les biens de la succession. Les Coutumes, au contraire, voulaient
que le légataire universel pût être tenu des legs jusqu'à concurrence
de son émolument, la présomption légale étant dans les pays de Coutume que les legs particuliers contenaient l'expression plus positive
de la volonté du testateur.

Le projet du Code civil consacrait la quarte-falcidie; mais, quand
Bigot-Préameneu présenta le titre *des Donations et des Testaments*,

---

[1] *Traité des donations et testaments;* Paris, 1825, t. XIII, p 86. — [2] Excepté envers l'État, à raison des droits dus pour la succession. (Cour de Bruxelles, 16 avril
1829.)

il déclara que la législation des Coutumes avait paru préférable au système du Droit romain.

L'article 1009 contient une préférence manifeste en faveur de tous légataires autres que le légataire universel ; il semblerait donc rationnel de l'obliger au paiement des réserves légitimes. Il n'en est pas ainsi toutefois. L'article 926 dispose que les réserves ne seront pas prises uniquement sur le legs du légataire universel, mais qu'elles seront formées par une réduction opérée indifféremment et au marc le franc sur tous les legs. Ainsi, ce système de réduction a son fondement dans la nécessité d'établir les légitimes.

De là il résulte que, si les dispositions particulières égalent ou excèdent la quotité disponible, le légataire universel et les légataires particuliers subiront une réduction proportionnelle ; si elles égalent ou excèdent le montant de la succession, le légataire universel ne retirera d'autre avantage de son legs que la saisine, s'il n'y a point de légitimaires, et l'accroissement éventuel des legs qui pourraient devenir caducs.

En cas d'insuffisance des biens pour acquitter les legs particuliers, on acquittera d'abord ceux dont le testateur aurait ordonné le paiement de préférence à tous autres (art. 927). Mais les legs de corps certains doivent d'abord être prélevés, parce qu'ils ont en leur faveur une disposition spéciale du testateur[1]. Delvincourt[2] est d'une opinion différente ; il veut assujétir les légataires de corps certains à payer une somme égale à ce dont leur legs doit décroître proportionnellement.

Duranton[3] observe que, si le testateur a légué son *disponible*, le légataire ne pourra invoquer l'article 926 ; les réserves ne lui ayant pas été données, il n'y a rien à lui retrancher pour les former. Ne subissant pas de réduction, il ne peut pas en imposer aux légataires particuliers. Dans ce cas, les legs de ceux-ci ne sont que des charges du legs universel.

[1] Toullier, t. V, p. 521. — [2] T. II, p. 567. — [3] T. IX, p. 215.

4

CHAPITRE III.

DU LEGS A TITRE UNIVERSEL.

D'après l'article 1010, le legs à titre universel est celui, par lequel le testateur lègue à une ou plusieurs personnes une quote-part de ses biens, telle qu'une moitié, un tiers, ou tous ses immeubles, ou tout son mobilier, ou une quotité fixe de tout ses immeubles, ou de tout son mobilier. Ce legs peut être fait en propriété ou en usufruit seulement (art. 612).

Le caractère distinctif du legs à titre universel est de ne porter que sur une quote-part de l'hérédité, et d'être fait *per modum universitatis,* c'est-à-dire, sans individualiser les objets légués. Ainsi le legs de tous les bien ruraux, ou de toutes les maisons, ou des bois, ou des prés, n'est point à titre universel; c'est là une espèce de choses plutôt qu'une espèce de biens, dit Pothier[1], et par conséquent, ne pouvant donner lieu qu'à des legs particuliers.

Les legs d'immeubles ou de meubles, possédés dans un lieu ou dans un territoire déterminé, ne constituent pas non plus de dispositions à titre universel. Le don d'une succession, quelque opulente qu'elle puisse être, échue au testateur, n'est qu'un legs particulier, quand même, ajoute Grenier[2], cette succession léguée formerait la totalité de la succession du testateur[3]. Un legs consistant dans le quart des biens meubles et effets mobiliers du testateur, mais en exceptant quelques espèces d'effets, par exemple, le numéraire, les grains etc., ne forme pas de legs à titre universel[4]; mais le legs de la totalité des meubles, moins un meuble, déjà compris dans un legs précédent, est réputé legs à titre universel[5]. Le legs de la portion

[1] T. XIII, p. 85. — [2] T. I, p. 511. — [3] Toullier a quelques doutes à ce sujet (t. V, p. 486). — [4] Cour de Rennes, 21 juillet. 1824. *Journ. du Pal.,* t. XVIII, p. 906. — [5] Cour de Poitiers, 2 juin 1824. *Journ. du Pal.,* t. XVIII, p. 765.

des biens acquis avec le légataire (par exemple, dans un testament d'époux envers époux) n'est qu'un legs particulier[1]; en effet, il ne comprend pas une quote-part fixe des immeubles, comme l'exige la loi. Le legs d'un fonds de commerce est à titre universel[2]. Ces exemples peuvent suffire. Du reste, quant à l'appréciation même du testament, et à l'effet de déterminer s'il renferme un legs à titre universel ou un legs particulier, c'est là un point de fait qui rentre dans le domaine exclusif du juge.

En principe, le legs d'une quote-part des biens du testateur comprend ceux qui lui sont advenus depuis le testament[3]. Le même testament peut contenir l'institution d'un ou de plusieurs légataires universels et de légataires à titre universel (art. 1011).

La manière de disposer et l'ordre dans lequel les legs sont faits, peuvent influer sur leur nature et leur qualification. C'est une dérogation à la maxime romaine : *Nec enim ordo scripturæ spectatur, sed potiùs ex jure sumitur id quod agi videtur*[4]. Ainsi le legs d'une quotité de tous les biens, inscrit d'abord, fait dégénérer en legs à titre universel, l'institution universelle qui vient après. Nous en avons déjà exposé les motifs. Il n'en serait pas de même si le premier legs était à titre particulier.

Il y a aussi une différence considérable entre le legs d'une quotité de tous les biens et le legs d'une quotité du disponible. Dans le premier cas, le legs porte sur tous les biens indistinctement, qu'il y ait ou non des réservataires ; mais dans le second cas, si je lègue par exemple le quart de mon disponible, ce quart pourra n'être que le huitième de mes biens, si je laisse un enfant.

La validité respective des dispositions testamentaires contenues au même acte, réagit diversement sur le sort de ces dispositions. Si le

---

[1] Cour de Poitiers, 27 juillet 1824. *Journ. du Pal.*, t. XVIII, p. 919. — [2] Cour de Paris, 12 avril 1833. *Journ. du Pal.*, t. XXV, p. 358. — [3] Cour de Grenoble, 3 février 1812. Cour de Bordeaux, 27 juin 1831. — [4] *ff* 6, *De solut.*

legs universel devient caduc, le legs à titre universel est maintenu tel quel, sans profiter de cette caducité; si, au contraire, celui-ci reste sans effet, le legs universel en profite, par droit d'accroissement.

L'inscription des legs dans le même testament produit encore d'autres effets remarquables. Si un légataire à titre universel d'une quotité de tous les biens indistinctement se trouve en concours avec un légataire universel, le legs à titre universel ne pourra jamais amoindrir le legs universel que jusqu'à concurrence de la moitié; car une quotité du total ne saurait être plus considérable que ce total lui-même [1]. Mais si le legs à titre universel était écrit après le legs universel, quelle que fût la réduction opérée par le legs d'une quotité, le legs universel devrait la subir, car il se trouverait révoqué de toute cette quotité. De même, le legs à titre universel sera plus lucratif que le legs universel, si par exemple un testateur, dont la fortune consiste principalement en biens immobiliers, lègue tous ses immeubles à Paul, après avoir institué Pierre son héritier universel. C'est le cas d'appliquer la règle *specialia generalibus derogant*. Il importe peu ici que les dispositions soient inscrites au même acte ou non; mais il faut toujours que le legs à titre universel, pour conserver sa vertu révocatoire ou réductive, soit postérieur au legs universel.

Les légataires à titre universel ne recueillant qu'une partie de la succession, et ne pouvant, dans aucun cas, la représenter, sont tenus de demander la délivrance soit aux légitimaires, soit au légataire universel, soit aux héritiers du sang appelés dans l'ordre qui règle les successions (art. 1011). S'il y avait un légataire universel qui eût obtenu la délivrance, un légataire à titre universel et un légitimaire, le légataire à titre universel devrait former sa demande contre le légataire universel [2]. Dans le cas où la succession serait appréhendée par un successeur irrégulier, c'est contre celui-ci qu'il faudrait

---

[1] Duranton, t. IX, p. 225. — [2] Delvincourt, t. II, p. 572.

diriger la demande en délivrance, s'il s'était fait envoyer en possession. Si les héritiers du sang renoncent, ou si le successeur irrégulier n'a pas obtenu l'envoi en possession, il y a lieu de nommer un curateur à la succession vacante, et c'est contre lui que l'action en délivrance devra être intentée.

Du principe de la saisine découle pour les héritiers du sang et les légataires universels, qui n'ont pas invoqué le bénéfice d'inventaire, l'obligation de répondre de toutes les dettes de la succession. Ils représentent le défunt et continuent juridiquement sa personne, activement et passivement. Le légataire à titre universel n'est qu'un successeur aux biens; il n'a jamais la saisine; il ne peut donc être tenu des dettes au delà de son émolument. Il n'a pas besoin, pour secouer les charges de l'hérédité, du remède du bénéfice d'inventaire; il n'en serait grevé que s'il s'était mis en possession des biens, sans faire inventaire[1].

Si le légataire à titre universel est en concours avec un légataire universel pour le partage de la succession, les créanciers de celle-ci peuvent, à leur choix, diviser l'action entre les légataires ou demander la totalité au légataire universel, sauf le recours de ce dernier contre le légataire à titre universel[2]. La portion contributoire des légataires à titre universel dans le paiement des dettes et charges de l'hérédité est facile à régler, lorsqu'ils succèdent pour une quote-part des biens; mais si leur legs consiste soit dans tous les immeubles, soit dans tous les meubles, soit dans une quotité fixe de ces deux espèces de biens, il faut d'abord les estimer, en fixer la valeur comparative avec celle du surplus de la succession, afin de déterminer leur part dans les charges de la successoin.

[1] Cour de Paris, 21 mars 1815. *Journ. du Pal.*, t. XII, p. 645. Chabot, sur l'article 873, n° 26. — [2] Delvincourt, t. II, p. 573. Les héritiers à réserve peuvent même retenir les biens composant son legs, jusqu'à ce qu'ils aient obtenu des sûretés suffisantes pour le paiement de sa part contributoire aux dettes et charges. (Duranton, t. IX, p. 230. Poujol, t. II, p. 200.)

Lorsque le legs à titre universel est seulement en usufruit, le légataire doit contribuer aux dettes, ainsi qu'il est réglé aux articles 610 et 612.

Mais hors ce dernier cas, les légataires à titre universel, comme les légataires universels, sont tenus des dettes et charges de la succession, personnellement pour leur part et portion, et hypothécairement pour le tout.

Quant au paiement des legs on distingue. S'il existe des héritiers à réserve et que la totalité des legs, y compris ceux à titre universel, absorbe la portion disponible, l'acquittement des legs particuliers tombe à la charge exclusive des légataires à titre universel, sauf réduction, s'il y a lieu (art. 926). Mais si les libéralités faites par le testateur n'épuisent pas la portion disponible, les legs sont acquittés par contribution entre le légataire à titre universel et les héritiers naturels (art. 1013), c'est-à-dire dans la proportion du legs à titre universel comparé avec tout l'ensemble de la succession disponible. La même chose a lieu, si les légataires à titre universel se trouvent en concours avec des légataires universels ou avec des héritiers du sang, mais non réservataires, quel que soit alors le montant des dispositions. En effet, la réserve seule est inattaquable, et les héritiers légitimes ne peuvent se soustraire à l'obligation de contribuer aux legs qu'en renonçant à la succession.

Cependant la charge des legs, au lieu de frapper toute la succession, peut n'être imposée que sur la généralité d'une classe de biens. C'est lorsqu'il y a des legs particuliers de choses déterminées prises dans cette même classe. Ainsi le don d'un immeuble réduirait la masse immobilière, sans influer sur celle des meubles, et le don de l'argenterie serait distrait du mobilier, sans que l'héritier du sang y contribuât. C'est une diminution, une délibation du legs à titre universel[1]. Quant aux legs de sommes d'argent, ils grèvent la suc-

---

[1] Duranton, t. XVIII, p. 231.

cession entière, si le testateur n'a pas manifesté l'intention qu'ils fussent pris plutôt sur les meubles que sur les immeubles[1]. S'il a légué l'argent comptant, le legs sera à la charge du légataire du mobilier seul.

Le Code civil ne dit point à qui appartiendront les revenus et les fruits des quotités léguées à titre universel en attendant la délivrance; deux systèmes se sont élevés à ce sujet.

D'un côté l'on peut dire: L'héritier naturel est saisi de plein droit dès le moment du décès; pour changer cette disposition, l'héritier que s'est donné le testateur doit remplir la condition que la loi lui impose pour entrer en possession, c'est-à-dire demander la délivrance; d'où il faut conclure que jusqu'à l'accomplissement de cette formalité, l'héritier de la loi n'est pas dépossédé, que conséquemment les revenus et les fruits lui appartiennent[2].

L'autre système, adopté par Toullier[3] et par Duranton[4], consiste à appliquer au légataire à titre universel les dispositions qui règlent les droits du légataire universel, sur cette raison que dans les deux cas l'hérédité comme universalité s'augmente des fruits, et que le légataire, qui a une quote-part dans cette universalité, doit avoir par le même motif une quote-part de cette universalité ainsi augmentée; mais ceci n'est applicable que lorsque le legs est d'une quote-part de tous les biens. S'il s'agit d'un legs d'immeubles, les principes sur l'augmentation des universalités par la réunion des revenus dérobent l'hypothèse dont nous parlons à l'empire de la règle posée par Duranton; car les fruits ne peuvent accroître la masse des biens immobiliers, puisque une fois séparés du fonds ils sont choses mobilières.

Il nous semble que la distinction entre les deux espèces de fruits, civils et naturels, n'a aucune influence à exercer dans cette question.

[1] Duranton (t. IX, p. 233) et Poujol (t. II, p. 201) disent que les legs de sommes d'argent se prennent sur le numéraire trouvé dans la succession. — [2] C. de Bourges, 1er mars 1821. — [3] T. V, p. 513. — [4] T. IX, p. 227.

Les articles 871 et 1012 imposant au légataire à titre universel l'obligation de contribuer au paiement des dettes et charges de la succession, et cette obligation remontant au jour du décès du testateur, il est certainement plus juridique de faire courir les avantages de l'institution d'héritier du jour où naissent aussi les obligations, que d'assujétir le légataire à titre universel au paiement des intérêts depuis l'époque du décès et cependant de ne lui accorder les fruits de la chose léguée qu'à partir d'une époque postérieure. Il faut dès lors conclure que l'article 1005 s'applique au légataire à titre universel comme au légataire universel, et que le légataire à titre universel a droit d'obtenir son legs en principal et accessoires, c'est-à-dire avec les fruits naturels ou civils qu'il produit, à la seule condition de former sa demande dans l'année.

CHAPITRE IV.

DU LEGS A TITRE PARTICULIER.

En général, toute libéralité testamentaire qui ne révèle ni la pensée d'un don d'universalité, ni celle du don d'une quote-part d'une universalité, ni celle d'un don d'une classe de biens ou d'une quote-part d'une classe de biens, est un legs à titre particulier.

Le legs particulier est donc celui par lequel le testateur dispose, soit d'une somme déterminée, soit d'un ou de plusieurs objets désignés dans leur individualité, ou quant à leur espèce, et faisant partie de sa succession.

Quelle que soit l'importance de ces dispositions, et lors même qu'elles absorberaient toute la valeur réelle de la succession, elles ne sont que des legs particuliers; ce n'est point la valeur du legs qui en détermine la nature, mais les termes dans lesquels il est conçu, et suivant qu'il affecte la généralité ou une spécialité des biens, ou seulement un objet déterminé.

De là il résulte que le legs d'une maison qui serait le seul immeuble d'une succession, cet immeuble constituât-il même, à peu près, la seule valeur de l'hérédité, ne serait toujours qu'un legs particulier. Il en est de même du legs que fait un testateur de tous ses immeubles situés dans telle commune, encore qu'il n'en possède point ailleurs. Le legs de la totalité des meubles et des immeubles réservés après une donation, n'est non plus qu'un legs particulier[1]. Il faut dire la même chose du legs de tous les effets mobiliers qui se trouveront dans la maison du testateur au jour de son décès[2]; en effet, ce n'est que le legs d'une quantité isolée de meubles, l'indication du lieu où sont les meubles, et non une indication en masse et par quotité relative à leur totalité. La femme mariée sous le régime de la communauté et qui lègue ses droits dans cette communauté, en dispose également par titre singulier, quoiqu'il puisse arriver que ce legs comprenne tout ce que cette femme possédait réellement.

Le légataire particulier n'est en quelque sorte qu'un créancier direct et personnel de l'héritier; il a son paiement assigné sur la quotité disponible, mais n'a point de droit héréditaire à faire valoir. Il ne peut exciper que d'un titre de créance, et celle-ci consiste dans la délégation spéciale que le testateur a donnée au légataire sur son propre héritier institué soit par la force de la loi, soit par la volonté de l'homme.

De ce principe naît une conséquence importante. La demande en délivrance seule attribuera au légataire institué les droits qu'il tient de la volonté du testateur. Jusque-là le légataire n'a qu'un droit incertain et indéterminé sur la chose qui reste dans le domaine de l'héritier. Dès lors les fruits ou intérêts ne lui sont dus qu'à compter du jour de sa demande en délivrance (art. 1014); car jusque-là l'héritier les fait siens non pas seulement comme possesseur de bonne

[1] Cour de Bordeaux, 7 juillet 1827. *Journ. du Pal.* — [2] Cour de Turin, 24 mars 1806.

foi, mais comme investi de la propriété même de tous les biens compris dans la succession. La demande en délivrance prend donc ici le caractère d'une véritable revendication.

Les légataires particuliers, comme tous autres, sont cependant dispensés de former cette demande, si la chose léguée se trouve, au jour de l'échéance du legs, dans leur possession, ou si le legs consiste dans la remise d'une dette, ou si le légataire de choses mobilières est investi de la saisine que le testateur peut lui conférer, comme exécuteur testamentaire, ainsi qu'il est dit à l'article 1026.

L'article 1015 accorde les fruits ou intérêts de la chose léguée au légataire particulier, encore qu'il n'ait point formé sa demande en délivrance, dans deux cas, 1° si le testament contient une déclaration de volonté expresse à cet égard; 2° si le legs consiste en une rente viagère ou une pension alimentaire : ces deux exceptions se justifient d'elles-mêmes. La loi ne réglant la jouissance des fruits que pour les cas où elle doit suppléer au silence du testateur, elle a voulu respecter la volonté de ce dernier lorsqu'il la manifesterait clairement. Quant aux rentes viagères et aux pensions alimentaires, il y a une présomption toute naturelle que le testateur a voulu en faire courir les avantages du jour de son décès. Merlin, Toullier et Grenier accordent même les fruits à compter du jour du décès, au légataire à titre particulier d'un usufruit.

Le paiement des legs particuliers est dû par les héritiers légitimes ou institués, qui en sont tenus personnellement, en raison de leur part héréditaire et hypothécairement pour le tout, jusqu'à concurrence de la valeur des immeubles de la succession dont ils sont détenteurs. C'est la conséquence logique du principe qui regarde les légataires particuliers comme ayant la qualité et les droits d'un créancier. Ce droit de créance sur l'hérédité, exigible et imputable sur la quotité disponible, donne nécessairement action à chacun des légataires contre ceux qui sont saisis de la succession. Chaque légataire peut donc exercer contre chaque héritier ou représentant de la succession trois actions : l'action personnelle, l'action hypothécaire, et la demande en séparation des patrimoines qui lui fait obtenir un droit de privilége sur les biens de la succession (art. 878, 880 et 2111).

Il y a pourtant une distinction à établir entre les droits des légataires particuliers et ceux des créanciers ; c'est que les droits des premiers sont subordonnés au prélèvement de la réserve légale, exception qui ne peut pas être opposée aux créanciers.

Le testateur peut, par un effet de sa volonté, déroger au principe qui oblige ses représentants à acquitter les legs particuliers ; c'est lorsqu'il charge une seule personne de les payer. Mais s'il en grevait un légitimaire, il n'en résulterait pas de diminution de la réserve légale.

Si c'est un légataire particulier qui est chargé du paiement du legs, l'action personnelle ne doit être dirigée que contre lui ; mais l'action hypothécaire peut toujours être exercée sur l'immeuble qu'il a recueilli, car cet immeuble est hypothéqué au legs.

Il ne paraît pas que les légataires qui dirigeraient infructueusement l'action personnelle contre celui qui aurait été chargé d'acquitter leurs legs, puissent exercer l'action hypothécaire contre les autres héritiers, détenteurs des immeubles de la succession.

En effet, la désignation faite par le testateur équivaut à une déclaration de volonté qu'il entend affranchir sa succession du paiement des legs dont il impose le paiement à une personne déterminée. Dans ce cas, le légataire devient donc créancier personnel de cette dernière et non de la succession.

Le principe dominant est que chaque héritier n'est tenu personnellement des legs et des dettes que pour sa part et portion. Ainsi, en cas d'insolvabilité de l'un des héritiers, l'obligation de ses co-héritiers solvables pour l'acquittement des charges, ne serait point aggravée ; mais s'ils détenaient des immeubles provenant de la succession, le principe de l'indivisibilité de l'hypothèque les soumettrait à l'obligation d'acquitter, sur ces immeubles, la totalité des charges de la succession.

Voici cependant quelques exceptions à la règle qui répartit les charges de l'hérédité proportionnellement entre les héritiers : 1° lorsque la chose léguée est indivisible; 2° lorsque le legs est d'un corps certain; 3° si l'intention du testateur a été, que le legs ne puisse être acquitté partiellement (art. 1221).

L'article 1018 dispose que la chose léguée sera délivrée avec ses accessoires nécessaires. Il y aura donc toujours lieu à une appréciation de fait qui se rattache à une question d'intention. C'est aux juges à combiner les présomptions légales avec les circonstances du fait. Ainsi, le don d'une ferme à laquelle est attaché un cheptel, emporte le don du cheptel lui-même (art. 522 et 1064). Tel est encore le cas des legs d'immeubles sur lesquels le propriétaire a placé des objets pour le service et l'exploitation du fonds (art. 524). Le legs d'un fonds de commerce comprend les droits, créances et recouvrements en dépendants[1]. La disposition testamentaire, par laquelle on lègue une maison, les meubles, l'argent monnayé et généralement tout ce qu'elle contient, comprend les titres de créances et actions renfermés dans cette maison[2] (art. 536). Le legs de tout le mobilier du testateur, excepté les effets en porte-feuille et l'argent comptant, comprend toute espèce de valeurs mobilières autres que celles formellement exceptées[3].

La chose doit être délivrée dans l'état où elle se trouvera au jour du décès du testateur. Si c'est un fonds qui ait été légué et qui se soit accru par alluvion, il doit être délivré avec l'alluvion; si c'est un meuble auquel le testateur ait ajouté quelque ornement, il doit être délivré avec cet ornement. Si, au contraire, le fonds a souffert d'un débordement, ou si le meuble s'est gâté par l'usage, le légataire doit

[1] Cour de Paris, 12 avril 1833. — [2] Cour d'Aix, 19 août 1829. Cour d'Agen, 30 décembre 1823. — [3] Cour de cassation, 24 juin 1840.

le prendre tel quel. En général on suivra les principes posés aux articles 522, 523, 524, 525, 546 à 551, 1615 et 1692.

Les dégradations survenues par le fait ou la négligence grave de l'héritier, avant la délivrance, obligent ce dernier à réparer le préjudice que son fait ou sa négligence a causé au légataire.

Lorsque celui qui a légué la propriété d'un immeuble, l'a ensuite augmenté par des acquisitions, ces acquisitions, fussent-elles contiguës, ne sont pas censées faire partie du legs (art. 1019). Ainsi, le legs de tous les immeubles que possède le testateur dans une commune, ne s'applique qu'aux immeubles dont il était propriétaire au jour où le testament a été fait [1]. Il comprendrait les immeubles acquis depuis, si le legs était fait de tous les biens que le testateur possédera dans telle localité au jour de son décès.

Il en serait autrement, continue l'article 1019, des embellissements ou des constructions nouvelles faites sur le fonds légué, ou d'un enclos dont le testateur aurait augmenté l'enceinte.

Cette partie de l'article 1019 n'est pas sans difficultés, lorsqu'il s'agit de décider à qui, du légataire ou des héritiers, doit appartenir la maison bâtie sur le fonds légué par le testateur, après le testament.

Quand il s'agit du legs d'un corps certain, le debiteur de ce legs ne doit absolument que la chose léguée. Il est libéré, et le legs est caduc, si la chose est périe totalement sans sa faute. Il n'est pas même tenu de la perte de la chose, arrivée depuis sa mise en demeure, s'il peut prouver qu'elle eût également péri entre les mains du légataire (art. 1042).

Selon l'article 1020, l'héritier n'est pas tenu de libérer l'immeuble légué de l'hypothèque dont il est grevé; le légataire ne pourrait pas exiger que l'hypothèque fût levée préalablement avant la délivrance, à moins d'une disposition expresse du testateur; il restera donc soumis éventuellement à l'effet de l'action hypothécaire. Cependant l'ar-

---

[1] Cour de cassation, 10 juin 1835.

ticle 874 décide, d'un autre côté, que le légataire n'est point tenu personnellement de payer la créance pour sûreté de laquelle l'immeuble légué est hypothéqué, et il donne au légataire, qui pour éviter l'éviction a remboursé la créance, un recours contre les héritiers. On peut être embarrassé pour concilier ces deux dispositions du Code, et Malleville reconnaissait, en effet, qu'elles présentaient une antinomie. Le seul moyen de concilier ces deux articles, c'est de décider que les héritiers ne sont pas tenus en principe de dégager les immeubles légués à titre particulier; mais que si, par suite de l'action hypothécaire, le légataire est obligé de payer, comme il n'est pas tenu des dettes, il demeure subrogé aux droits du créancier contre les héritiers ou autres successeurs à titre universel. Merlin et Toullier se refusent à voir une antinomie entre l'article 874 et l'article 1020.

L'article 1020 s'applique également au cas où l'immeuble est grevé d'un usufruit; le legs se réduit à la nue propriété; cette décision est fort juste, c'est le legs même qui se trouve alors modifié dans son essence. Le légataire est obligé de souffrir l'usufruit, sans pouvoir diriger un recours contre l'héritier. La raison de cette différence est que l'usufruit est un démembrement de la propriété. Celui qui lègue un fonds soumis à un usufruit, lègue le fonds moins l'usufruit, *deducto usufructu*.

Chez les Romains, le legs de la chose d'autrui était valable, si le testateur savait que la chose ne lui appartenait pas; il était nul, au contraire, si le testateur avait cru qu'elle lui appartenait. Malgré la subtilité apparente de cette distinction, elle se justifie cependant. Notre Code a frappé de nullité le legs de la chose d'autrui (art. 1021) indistinctement; mais il est évident que la disposition de l'article 1021 ne peut s'appliquer qu'au legs d'un corps certain et déterminé, et non au legs d'une chose indéterminée. Dans ce dernier cas, l'héritier serait obligé de l'acheter ou de payer au légataire la somme nécessaire pour l'acquérir. Il faudrait soumettre au même principe le don d'une maison d'une valeur déterminée, mais non désignée dans son individualité; car l'obligation de donner une chose à un tiers constitue un véritable legs, selon les principes de notre Code[1]. Si le testateur a légué comme lui appartenant en totalité la chose qui ne lui appartenait que pour partie, le legs vaut pour la part du testateur[2]; mais le legs d'une part dans un immeuble indivis ne donne pas droit à la totalité de cet immeuble, si le testateur se trouvait, au jour de son décès, propriétaire de la totalité de cet immeuble, par suite de licitation ultérieure[3]. Le legs que le testateur fait de la chose de son héritier ou de son légataire institué est valable, en ce sens qu'il a l'option entre l'abandon de la chose et l'acceptation soit de la succession, soit de la libéralité exprimée au testament sous cette condition[4]. Ce legs est une charge imposée à l'héritier ou au légataire.

En principe, le legs doit être déterminé quant à son espèce, mais il peut ne pas l'être quant à sa valeur réelle, par exemple lorsqu'un testateur lègue cent hectolitres de blé, un cheval, une montre, etc. Si le testateur n'a pas expressément donné le choix au légataire, il appartient à l'héritier, qui ne peut cependant offrir une chose de la plus mauvaise qualité, comme il n'est pas obligé de la donner de la meilleure (art. 1022). On applique ici la règle générale qui régit les contrats (art. 1246, 1190).

Si le choix est donné au légataire, il peut prendre la plus précieuse; mais son choix une fois déclaré, il ne peut plus varier; il a consommé le droit que lui donnait le testament[5]. S'il meurt avant d'avoir choisi, le choix passe à ses héritiers. En cas de désaccord, c'est le juge qui décidera *quid utilius* pour la masse, ou bien le sort désignera celui des héritiers qui devra choisir pour tous.

Les legs ayant pour objet de gratifier ceux en faveur de qui ils sont faits, doivent être avantageux aux légataires. *Omne legatum debet*

---

[1] Cour de cassation, 27 novembre 1833. *J. du Pal.* — [2] Cour de Metz, 30 mars 1816. — [3] Cour de cassation, 28 février 1826. — [4] *Id.*, 29 mars 1837. Toullier, t. V, p. 486. — [5] Delvincourt, t. II, p. 575.

esse utile legatario. En conséquence, le legs fait par un débiteur à son créancier n'est point censé fait en compensation de la créance, ni le legs fait par un maître à son domestique en compensation de ses gages (art. 1023). Autrefois ces dispositions faisaient naître des difficultés.

D'après les articles 873, 1009 et 1012, les dettes de la succession sont à la charge exclusive des héritiers et des légataires, soit universels, soit à titre universel. Les légataires à titre particulier ne sont donc pas tenus d'y contribuer, hors le cas où il s'agit de parfaire la réserve légale; ils ne contribuent pareillement qu'à l'acquit des legs dont ils sont chargés par le testateur. Quant à l'action hypothécaire des créanciers, le légataire en est tenu en sa qualité de détenteur, mais alors, conformément à l'article 874, il lui est dû récompense de ce qu'il a payé à la décharge de la succession.

Mais les légataires à titre particulier peuvent, même en dehors de ces deux hypothèses, être soumis à des réductions, lorsque l'actif de la succession est insuffisant pour fournir au paiement de tous les legs. Alors la réduction s'opère au marc le franc entre tous les légataires qui y sont assujétis, suivant les distinctions établies aux articles 926 et 927.

Lorsque le testateur aura expressément déclaré qu'il entend que tel legs soit acquitté de préférence aux autres, cette préférence aura lieu; les legs de corps certains sont par eux-mêmes affranchis de toute réduction qui profiterait aux légataires de sommes d'argent. Ils ne souffrent de réduction que lorsqu'il s'agit de satisfaire, par contribution, au paiement d'une réserve.

«Ce legs, dit Pothier [1], ayant pour objet, non les biens, ni une «quotité de biens, mais des choses particulières, ils ne renferment «point la charge des dettes, suivant cette maxime : *Æs alienum uni-* «*versi patrimonii non singularum rerum onus est.*»

---

[1] *Traité des donations et testaments*, p. 86.

41

JUS ROMANUM.

DE HÆREDIBUS INSTITUENDIS.

Primis à temporibus testandi facultas apud Romanos nullis erat
inclusa finibus. Pro suâ voluntate, arbitrio vel gratiâ hæredem instituebat civis romanus. Nec liberis ullo addictus erat vinculo, nisi no-
minativâ ac legitimâ exclusione in testamento verbis expressis factâ.
Hæc autem libertas cum moribus et Reipublicæ institutis erat consen-
tanea. Summam nempè præ se domi ferebat potestatem paterfamilias:
eamque liberi, uxor et familia summâ prosequebantur obedientiâ.
Uxorem enim vi, mancipium armis sibi affixerat, et illi fas erat liberos
alienis tradere aut opprimere; in illo omnia insidebant jura, ac miles
dirus et sibi inserviens uni proprio honori ac commodo cuncta sub-
jecerat; pater erat et dominus, et quæ in dominio ejus erant posita
familiam constituebant. Indè fluit ista integra testandi potestas illi
legibus ac dominii naturâ concessa; indè hæc testamenti romani
civis, gratia ingens et inaudita. Testandi facultas ex jure publico
erat: ratio quæ testandi facultati legis auctoritatem concesserat facilè
perspicienda est. Qui hæredem instituebat de publico partìm statue-
bat patrimonio, justà igitur utebantur lege quùm censerent hanc
collocationem publico fieri conventu, annuente populo; hìc autem
populi consensus æquam constituebat legem.

De variis autem modis ac formis testamenti non nobis est tractan-
dum, sed de creandis, ut ità dicam, et hæredibus instituendis.

6

« Testamentum, ait Modestinus, est voluntatis nostræ justa sen-
« tentia de eo quod quis post mortem suam fieri velit;» adjici potest :
hæredis institutionem directam continens; nam hæredis institutio est
caput atque fundamentum totius testamenti, «et sine hæredis insti-
« tutione nihil in testamento scriptum valet.»

In instituendo igitur hærede consistebant interna testamenti solem-
nia. Videndum ergò quinam hæredes institui possint.

Ex principio hæredes institui possunt ii cum quibus testator habeat
testamenti factionem, vel ii quibus cum illo erat testamenti factio
passiva, id est facultas ex alieno testamento sibi vel alio adquirere;
ergo tam liberi quam servi institui possunt. Servi autem proprii
institui nequeunt nisi cum libertate. In priscâ lege servi non manu-
missi verbis expressis institui nequiverunt, sed Justiniani constitu-
tione libertatem adierunt servi cum hæreditate, in genere, nisi in
specie prohiberentur.

Antiquitùs qui nudam habebat in servum proprietatem, illum ma-
numittere non poterat hæreditatis institutione nisi expresso usufructuarii consensu; servus institutus ab illo qui in illum nudam habebat
proprietatem sine domino servus sed non sui juris erat. Justinianus
autem hanc confirmavit institutionem sine usufructuarii consensu,
tamen eâ lege ut manumissus usufructuario inserviret donec cessaret
ususfructus.

Si servus communis institutus fuerit, firma est institutio et inservit
illis cum quibus testatori factio est testamenti, et illorum quisque
adquirere potest pro suo jure in servum institutum. Servus cum ma-
numissione institutus ab uno dominorum liber erit et hæres necessa-
rius testatoris, eâ tamen conditione ut testator cæteris qui servum in
copotestate habent, damnum præstet pro cujusque jure in illum.

Servus alienus post domini mortem rectè hæres institui potest,
quamvis hæres ejus successionem non acceperit, quia nondùm adita
hæreditas personæ defuncti vicem sustinet, et quia sufficit cum hoc
factionem testamenti habere ut instituat hæredes servos hæreditarios

nuncupatos per tempus elapsum intrà domini mortem et acceptationem hæreditatis. Institui etiam possunt servi ex dominio ejus qui adhuc in utero est.

Servi alieni institui possunt sine libertate, sed adquirunt non ex suâ personâ sed ex domino et pro domino; habeat tamen testator testamenti factionem cum domino servi instituti necesse est. Ex eo quod institui possunt omnes illi quibuscum habetur testamenti factio sequitur lege nonnullos hæreditate arceri; ex hoc numero sunt : 1° qui non civitate fruuntur, peregrini; 2° qui capitis deminutione civitatem amiserunt, ut deportati; 3° liberi quorum patres perduellionis crimine damnati fuerunt; 4° hæretici; 5° collegia et corporationes illicitæ. —Relativè prohibentur : 1°pater et mater et liberi incestuosi; 2°liberi naturales; non hæredes institui possunt universales nisi absint hæredes legitimi minores aut majores. Novella LXXXIX partem constituit liberorum naturalium cum legitimis institutorum; 3° conjux qui ad alteras convolat nuptias conjunctum instituere potest tantùm pro parte filii minùs sumentis ex primo matrimonio nati; 4° princeps institui non potest pro hæreditate litigiosâ.

Institui possunt quot quisque velit, modò exitum possit habere voluntas. Hæreditas autem sic dividenda : si testator nullas partes expresserit, æqualiter; si plures instituti sunt conjunctè vel collectivè, personæ nuncupantur conjunctæ et pro unâ censentur personâ.

Quantascumque velit partes testator constituere potest; unicuique potest adsignare partem vel quibusdam tantùm. Omnes hæ partes, quæ assem constituunt, potestate juris ad 12 uncias revocantur. Singulæ tunc unciæ propria nomina à jure habent relativè ad assem hæreditarium, sicut sextans, quadrans, etc.

Hæc autem divisionis ratio nonnunquàm excluditur et alia adhibetur methodus; cùm nempè unum hæredem ex semisse, ex quadrante, etc, tùm hæres totam capiet hæreditatem, quia nemo ex parte testatus, ex parte intestatus decedere potest, nisi sit miles. Si partes computatæ infrà sint assem, pars vacans singulis adcrescit pro ratâ, si verò suprà assem, singulis pro ratâ decrescit. Hi quibus certæ partes adsignatæ sunt à testatore, eam capiunt primò et reliquum sumunt sine partibus instituti. Si verò hæredes instituti cum partibus assem exæquent, alii inscripti non ideò ex hæreditate excluduntur; tùm as dividitur in 24, 36, 48 uncias. Si ergò duo hæredes inscripti ex semisse, tertius sine parte accedit, hic semissem capit partem, illi verò quisque ex quadrante instituuntur.

Testator hæredem instituere potest vel purè vel sub quâdem conditione. Conditio autem est adjectio casus in futurum collati à cujus eventu actus suspenditur. Incerta sed possibilia sint lex imperat. Impossibilis conditio hæredi adscripta, pro non scriptâ habetur; impossibilis est si naturâ talis aut jure. Hæc autem non vitiat institutionem sicut vitiat contractus. Conditio triplex est : potestativa, casualis et mixta. Potestativa, quæ à voluntate et potestate ejus dependet, qui eam implere debet; casualis, quæ ex eventu fortuito pendet aut alieno arbitrio; mixta, quæ partìm à voluntate ejus in quem confertur, pendet, partìm à casu aut ab alieno arbitrio.

Pro effectuum discrimine qui pendent ex conditionibus de futuro vel non futuro, conditio potestativa dividitur in affirmativam et in negativam. In genere conditione actus suspenditur, et quamdiù conditio non impletur hæreditas pendet de incerto, nec institutus nec hæredes ab intestatu adquirere possunt; ergò testator est sine hærede. Cùm verò expletur conditio, hæreditas adquiritur instituto. Si contrà, non impletâ conditione, apparet hæredem institutum excludi ab hæreditate, illam apprehendunt hæredes ab intestatu. Sic ergò sub conditione institutus suis hæredibus decessu, non expletâ conditione, jus nullum transmittere potest.

Potestativa conditio censetur impleta cùm jàm non pendet ex voluntate instituti.

Notandum est institutionis effectus conditione affirmativâ suspendi, donec impleatur. Conditio autem negativa est tantùm prohibitio aliquid faciendi. Cùm nescitur an quoddam homo non faciat antè ejus decessum, conditio negativa institutionem reddidisset inutilem. Rectè igitur hæreditas instituto sub conditione negativâ traditur, sed videndum erat ne non impositam hæres expleret conditionem. Hoc autem provisum est cautione Mucianâ. Cautione autem hæres liberatur, si impossibile fit ut conditionem violet. Si conditiones affirmativæ sunt conjunctæ, omnes impleat hæres necesse est. Si verò alternæ, alterutram expleat. Conditiones supervacuæ pro non scriptæ habentur.

Institutionem extraneorum quibuslibet conditionibus onerare potest testator; liberis autem qui in potestate sunt potestativam tantùm imponere potest conditionem, quia jure constitutum est patremfamilias liberos expressè instituere vel exhæredare debere.

Duo principia strenuè vigebant in jure romano : Nemo ex parte testatus, ex parte intestatus decedere potest. — Semel hæres, semper hæres. Indè sequitur institutionem non posse adscribi ex certo tempore, vel in diem. Si res summo jure perpenditur, institutio hujus generis infirmari deberet, quia, pro casu, hæreditatem tolleret ab hæredibus naturalibus ad institutum, aut ab instituto ad naturales; hæc autem successiva transmissio à jure romano est aliena; cùm autem liberrima esset testandi facultas, edictum est diem censeri non scriptum et institutionem haberi puram.

Si dies est incertus fit conditio, nam dies incertus, ut aiunt jurisconsulti, conditionem in testamento facit.

DROIT COMMERCIAL.

DES CRÉANCIERS NANTIS DE GAGES ET DES CRÉANCIERS PRIVILÉGIÉS SUR LES BIENS MEUBLES DU FAILLI.

Des créanciers privilégiés.

IL peut sembler, au premier abord, que les rédacteurs de la loi de 1838 ont commis un pléonasme en rangeant dans deux catégories les créanciers privilégiés et les créanciers nantis de gage, ces derniers n'étant en réalité qu'une espèce particulière de créanciers privilégiés; cependant la distinction est exacte et judicieuse, puisque le privilége peut affecter la totalité des meubles, tandis que le gage ne confère qu'un privilége limité à l'objet engagé.

L'article 551 règle le mode de paiement des créances privilégiées sur les meubles; elles sont payées avant toutes les autres sur les deniers provenant de la vente des biens meubles. L'état des créances privilégiées est dressé par les syndics et présenté par eux au juge-commissaire, qui en autorise le paiement, non par voie de répartition, mais intégralement, selon leur rang sur l'échelle des préférences légales. Il était sage de laisser au juge la faculté d'ordonner ou de différer le paiement; aussi la loi lui attribue-t-elle un droit d'examen et d'appréciation, car les préférences fondées sur un privilége ne résultent point de la faveur attachée à tel moment du temps plutôt qu'à tel autre, mais de la cause même de la créance. *Privilegia ex causâ, non ex tempore estimantur.*

Toute personne qui y a intérêt peut contester le privilége; et cette

contestation soulevant une question de droit de propriété ne peut
être jugée que par le tribunal ; il est évident qu'il s'agit ici du tribunal de commerce, et non du tribunal civil, comme le prétend
M. Rogron. Quant à la question de savoir si les jugements intervenus
sur de pareilles contestations sont susceptibles d'appel, il faut la
résoudre à l'aide des règles de la compétence.

L'article 501 s'appliquant à la fois à la vérification de la créance
et à celle du privilége, on a voulu voir une contradiction entre cet
article et l'article 551 qui suppose une contestation sur le privilége.
Comment supposer, dit-on, qu'une contestation puisse s'élever sur
un privilége vérifié ? Il n'y a point d'antinomie. En effet, les vérifi-
cations ne sont point irrévocables (art. 495), et la question du privilége peut avoir échappé lors de la vérification de la créance.

La disposition de l'article 550 est entièrement nouvelle, mais elle
n'a fait que consacrer une règle déjà établie par la doctrine et la
jurisprudence, en abolissant, en cas de faillite, l'exercie du privilége
et du droit de revendication établi par le n° 4 de l'article 2102 du
Code civil, au profit des vendeurs d'effets mobiliers. Les règles géné-
rales du commerce, ses intérêts spéciaux et exceptionnels ne com-
portent pas les actions revendicatoires ; la rapidité si utile des trans-
actions commerciales, et surtout les nécessités du crédit et le rôle
important de la bonne foi dans le commerce ne pouvaient plus faire
admettre, dans la loi revisée, le droit de suite sur les meubles.
L'exclusion du privilége du vendeur est donc à la fois rationnelle et
favorable au commerce. En excluant ce privilége, la loi a également
prohibé l'exercice de l'action résolutoire (art. 1184, 1654, Code civ.),
car cette action est comprise implicitement dans l'exclusion prononcée
contre le privilége du vendeur [1].

On agite la question de savoir si la loi de 1838 est introductive
d'un droit nouveau. Nous ne le croyons point. Mais le principe gé-

---

[1] Cour de Paris, 24 août 1839. *Jour. du Pal.*

néral de la non-rétroactivité des lois protége les droits acquis avant sa promulgation. Ainsi le vendeur d'un objet mobilier, par acte antérieur à cette loi, dans lequel il s'est réservé le privilége et même la propriété jusqu'à parfait paiement, a droit à ce privilége, nonobstant la disposition contraire de la susdite loi [1]. Nous n'avons pas besoin de faire observer qu'on ne pourrait éluder les effets de la prohibition prononcée par la loi, par une convention contraire à ses dispositions. Cette prohibition doit être considérée comme étant d'ordre public.

Des créanciers nantis de gages.

L'objet, donné en gage, étant spécialement et exclusivement affecté à la sûreté et au paiement d'une créance déterminée, il est séparé, en cas de faillite, de l'actif et ne doit pas être confondu avec lui; c'est l'idée de cette affectation exclusive, conforme, d'ailleurs, à tous les principes du droit, en matière de gage, qui a dicté l'article 546 de la loi de 1838; les créanciers gagistes ne devant pas être payés sur l'actif en général, mais seulement sur l'objet qui leur a été engagé, il était rationnel de ne les inscrire dans la masse que pour mémoire; mais il fallait que leur inscription eût lieu, tant à cause de l'ordre qui doit régner dans l'administration d'une faillite, que pour avertir la faillite des droits exceptionnels qui allaient être exercés sur une partie des biens du failli, et la prévenir qu'elle pouvait critiquer la validité du gage lui-même. La loi, parlant des créanciers *valablement* nantis de gages, a entendu soumettre le gage, en matière de commerce, à toutes les règles prescrites pour ce contrat par le droit commun, et spécialement aux dispositions de l'article 2076 du Code civil. L'article 2074, qui n'admet de privilége sur un objet donné en nantissement excédant la valeur de cent cinquante francs, qu'autant que le nantissement est constaté par acte authen-

---

[1] Cour de Paris, 12 février 1842. *Jour. du Pal.*

tique ou sous signature privée, duement enregistré, est applicable en matière commerciale comme en matière civile; ainsi les syndics sont fondés à critiquer le nantissement, alors même que la date de ce nantissement et la chose qui en fait l'objet auraient été reconnues par eux, d'après les livres et la correspondance du failli [1].

Les créances qui peuvent donner lieu à l'exercice du droit de gage sont-elles prises en considération quand il s'agit de faire la computation dont parle l'article 507? Non, et les créanciers gagistes ne peuvent pas voter au concordat sans encourir la déchéance de leur privilége (art. 508).

Il est de principe que le gage n'étant qu'une sûreté accessoire de la créance, le débiteur peut toujours le retirer, en acquittant intégralement sa dette; ce droit de retrait a été justement accordé aux syndics de la faillite par l'article 547; l'intérêt des faillites le voulait ainsi. La faculté de retirer les gages ne peut jamais devenir dangereuse entre les mains des syndics, puisque le retrait ne peut avoir lieu qu'avec l'autorisation du juge-commissaire. Cette autorisation est demandée par simple requête et donnée en forme d'ordonnance; l'ordonnance est signifiée aux créanciers et présentée au receveur de la caisse des dépôts et consignations qui délivre la somme nécessaire pour le retrait du gage.

En cas de vente du gage, il y a trois hypothèses à examiner : ou le prix de vente est égal à l'importance de la créance, ou il est moindre, ou il est supérieur. Le premier cas ne peut donner lieu à aucune difficulté. Dans le second, le créancier gagiste prend tout le produit de la vente, et se fait admettre parmi les créanciers chirographaires pour le restant de sa créance; il a consommé dans toute son étendue son droit de préférence. Dans le troisième cas, il ne reçoit que le montant de la créance, et le surplus est recouvré par les syndics. La vente est faite aux enchères.

[1] Cour de cassation, 5 juillet 1820. *Journ. du Pal.*

Si le créancier veut user de la faculté qui lui est accordée par l'article 2078 du Code civil, de se faire attribuer le gage d'après une estimation, les trois hypothèses que nous avons indiquées peuvent encore se présenter ; elles seront traitées comme en cas de vente.

Privilége des ouvriers et des commis.

Ce privilége est nouveau. L'article 549 qui l'établit, est une extension donnée au n° 4 de l'article 2101 du Code civil, et cette extension a été dictée par des motifs de justice, d'humanité et de faveur pour l'industrie. Il était convenable d'assurer un privilége à ceux qui, par leur travail producteur et leur coopération intelligente, sont censés avoir contribué à l'augmentation de l'actif du failli. Mais, pour jouir du privilége de l'article 549, il faut que l'ouvrier ait été employé directement par le failli ; s'il avait été mis en œuvre par un entrepreneur, il serait exclu du nombre même des créanciers ordinaires. Quant au privilége des commis, il ne peut être invoqué que par ceux à appointements fixes, et non par ceux qui sont payés par une rétribution proportionnelle aux affaires qu'ils traitent. Cette dernière distinction, proposée par M. Lainné, nous paraît très-juste.

La loi a aussi fait une distinction entre les créances des ouvriers et celles des commis, quant au temps sur lequel elle étendait la faveur du privilége. Cette distinction est fondée sur la différence des situations sociales et sur les usages mêmes du commerce. Les ouvriers ne jouissent du privilége que pour le salaire acquis pendant le mois qui a précédé la déclaration de faillite, tandis que les commis en jouissent pour le salaire des six derniers mois.

FIN.

www.ingramcontent.com/pod-product-compliance
Lightning Source LLC
Chambersburg PA
CBHW071336200326
41520CB00013B/3010